未来教育
Future Education

全国期货从业人员资格考试

新大纲版

高频考点

期货及衍生品基础（期货基础知识）

期货从业人员资格考试命题研究组 编著

全国期货从业人员资格考试

高频考点

期货及衍生品基础

目　录

微信扫描

视频讲解 微信扫描

第一章　期货及衍生品概述

高频考点1:期货及相关衍生品

(1)期货合约是期货交易所统一制定的、规定在将来某一特定的时间和地点交割一定数量标的物的标准化合约。期货合约根据合约标的物的不同,可以分为商品期货合约、金融期货合约及其他期货合约。

(2)远期,也称为远期合同或远期合约,指交易双方约定在未来的某一确定时间,以确定的价格买卖一定数量的某种标的资产的合约。常见的远期交易包括商品远期交易、远期利率协议(FRA)、外汇远期交易、无本金交割外汇远期交易(NDF)等。

(3)互换是指两个或两个以上当事人按照商定条件,在约定时间内交换一系列现金流的合约。主要包括利率互换、货币互换、商品互换、股权类互换和远期互换等。其中最常见的是利率互换和货币互换。

(4)期权是一种买卖选择权,即买方能够在未来的特定时间或者一段时间内按照事先约定的价格买入或者卖出某种约定标的物的权利。按照标的资产划分,常见的期权包括利率期权、外汇期权、股权类期权和商品期权等。

高频考点2:现代期货交易的形成

(1)1848年82位粮食商人在芝加哥发起组建了世界上第一家较为规范的期货交易所——芝加哥期货交易所(CBOT)。

(2)芝加哥期货交易所于1865年推出了标准化合约,同时实行了保证金制度。

(3)1882年,芝加哥期货交易所允许以对冲方式免除履约责任,这更加促进了投机者的加入,使期货市场流动性加大。

(4)1883年,芝加哥期货交易所成立了结算协会,向其会员提供对冲工具。

(5)1925年芝加哥期货交易所结算公司(BOTCC)成立以后,芝加哥期货交易所所有交易都要进入结算公司结算,现代意义上的结算机构形成。

(6)标准化合约、保证金制度、对冲机制和统一结算的实施,标志着现代期货市场的确立。

高频考点3:国内外期货市场发展趋势

(一)国际期货市场的发展历程

国际期货市场大致经历了由商品期货(包括农产品期货,金属期货和能源化工期货)到金融期货(包括外汇期货、利率期货、股指期货和股票期货)交易品种不断增加,交易规模不断扩大的过程。

1. 商品期货

(1)商品期货包括农产品期货、金属期货和能源化工期货。

(2)农产品期货:1848年芝加哥期货交易所诞生。1865年标准化合约推出后,新的期货品种也在不断推出。

(3)1876年,英国成立的伦敦金属交易所(LME),主要从事铜和锡的期货交易,是最早的金属期货交易。伦敦金属交易所的价格是国际有色金属市场的晴雨表。

(4)目前,纽约商业交易所(NYMEX)和位于伦敦的洲际交易所(ICE)是世界上最具影响力的能源期货交易所,上市品种有原油、汽油、取暖油、乙醇等。

2. 金融期货

品　种	事　件
外汇期货	1972 年 5 月,芝加哥商业交易所(CME)设立了国际货币市场分部(IMM),首次推出外汇期货合约
利率期货	1975 年 10 月,芝加哥期货交易所上市国民抵押协会债券期货合约,是世界上第一个利率期货合约
股指期货	1982 年 2 月,美国堪萨斯期货交易所(KCBT)开发了价值线综合指数期货合约,股票价格指数成为期货交易的对象
股票期货	中国香港在 1995 年开始个股期货的试点,个股期货登上历史舞台

3. 国际期货市场发展的特点

(1)交易中心日益集中。

(2)交易所由会员制向公司制发展。

(3)交易所兼并重组趋势明显。

(4)金融期货发展后来居上。

(5)交易所竞争加剧,服务质量不断提高。

(二)我国期货市场的发展历程

(1)1990 年 10 月 12 日,经国务院批准,郑州粮食批发市场以现货交易为基础,引入期货交易机制,作为我国第一个商品期货市场开始起步。

(2)1991 年 6 月 10 日,深圳有色金属交易所宣告成立,并于 1992 年 1 月 18 日正式开业。

(3)1992 年 9 月,我国第一家期货经纪公司——广东万通期货经纪公司成立。随后,中国国际期货公司成立。

(4)1999 年期货交易所数量再次精简合并为 3 家,分别是郑州商品交易所、大连商品交易所和上海期货交易所,期货经纪公司最低注册资本金提高到 3 000 万元人民币。

(5)2000 年 12 月,中国期货业协会成立,标志着中国期货行业自律管理组织的诞生,从而将新的自律机制引入监管体系。

(6)2006 年,中国金融期货交易所在上海挂牌成立。2010 年 4 月,中国金融期货交易所推出股指期货交易,标志着国内期货市场进入了商品期货、金融期货共同发展的新阶段。

高频考点 4:期货交易的基本特征

(1)合约标准化。

(2)场内集中竞价交易。

(3)保证金交易:也被称为“杠杆交易”,比例一般为合约价值的 5% ~15%。

(4)双向交易。

(5)对冲了结。

(6)当日无负债结算:逐日盯市。

高频考点5:期货与远期、期权、互换的联系和区别

1. 期货交易与远期交易的区别

	期货交易	远期交易
交易对象不同	标准化期货合约,交易品种有限	非标准化合约
功能不同	规避风险和发现价格	一定程度上调节供求关系、减少价格波动,但限制了其价格的权威性和分散风险的作用
履约方式不同	实物交割与对冲平仓	实物交收方式
信用风险不同	以保证金制度为基础,实行当日无负债结算制度,每日进行结算,信用风险较小	较高的信用风险
保证金制度不同	合约价值的5%~15%	交易双方商定

2. 期货交易与期权交易的区别

	期货交易	期权交易
交易对象不同	可转让的标准化合约,合约的标的物是实物商品或者金融工具	未来买卖某种资产的权利,标的物包括商品、金融工具和其他衍生品合约
权利与义务的对称性不同	双向合约	单向合约
保证金制度不同	买卖双方缴纳合约价值的5%~15%保证金	买方支付权利金,卖方缴纳保证金
盈亏特点不同	盈亏曲线为线性	盈亏曲线是非线性
了结方式不同	对冲平仓或实物交割	对冲、行使权利或到期放弃权利

3. 期货交易与互换交易的区别

	期货交易	互换交易
交易对象标准化程度不同	商品品种、数量、质量、等级、交货时间、交货地点等是标准化的,唯一的变量是价格	标的物及其数量、质量、等级等均由交易双方自行协商决定,是非标准化合同
成交方式不同	在交易所组织的有形的公开市场内通过电子交易系统撮合成交	主要通过人工询价的方式撮合成交
合约双方关系不同	合约履行不取决于交易对手,而取决于结算机构在期货交易中充当中央对手的角色。期货结算机构是所有买方的卖方、所有卖方的买方	交易双方直接签订,一对一,违约风险取决于对手的信用

高频考点6:期货及衍生品的功能

(1)规避风险的功能。
(2)价格发现的功能。
(3)资产配置的功能。

高频考点7:期货及衍生品市场的作用

(一)期货市场在宏观经济中的作用
(1)提供分散、转移价格风险的工具,有助于稳定国民经济。
(2)为政府制定宏观经济政策提供参考依据。
(3)促进本国经济的国际化。
(4)有助于市场经济体系的建立与完善。
(二)期货市场在微观经济中的作用
(1)锁定生产成本,实现预期利润。
(2)利用期货价格信号,组织安排现货生产。
(3)期货市场拓展现货销售和采购渠道。

视频讲解　微信扫描

第二章　期货市场组织结构与投资者

高频考点1:期货交易所职能

(1)提供交易的场所、设施和服务。
(2)设计合约、安排合约上市。
(3)制定并实施期货市场制度与交易规则。
(4)组织并监督期货交易,监控市场风险。
(5)发布市场信息。

高频考点2:期货交易所组织结构:会员制、公司制

(一)会员制期货交易所

会员制期货交易所是由全体会员共同出资组建,缴纳一定的会员资格费作为注册资本,以其全部财产承担有限责任的非营利性法人。

1.组织架构

(1)会员制期货交易所一般设有会员大会、理事会、专业委员会、经营管理层和业务管理部门。

(2)会员大会:由会员制期货交易所的全体会员组成,是最高权力机构。

(3)理事会:会员大会的常设机构,对会员大会负责,执行会员大会决议。按照国际惯例,理事会由交易所全体会员通过会员大会选举产生。

2.会员资格的获取

(1)以交易所创办发起人的身份加入。
(2)接受发起人的资格转让加入。
(3)接受期货交易所其他会员的资格转让加入。
(4)依据期货交易所的规则加入。

(二)公司制期货交易所

公司制期货交易所通常由若干股东共同出资组建,通常以营利为目的,股份可以按照有关规定转让,其盈利来自从交易所进行的期货交易中收取的各种费用。组织架构:

架　构	内　容
股东大会	由全体股东共同组成,是公司制期货交易所的最高权力机构
董事会	公司制期货交易所的常设机构,行使股东大会授予的权力,对股东大会负责,执行股东大会决议
监事会（或监事）	对股东大会负责,对公司财务以及公司董事、经理等高级管理人员履行职责的合法性进行监督,维护公司及股东的合法权益
总经理	负责期货交易所日常经营管理工作的高级管理人员

（三）会员制和公司制期货交易所的主要区别

	会员制期货交易所	公司制期货交易所
经营目标	通常不以营利为目标	通常以营利为目标,追求利益最大化
适用法律	一般适用民法的有关规定	先适用公司法的规定,在公司法未做规定的情况下适用民法的一般规定
决策机构	会员大会,常设机构是理事会	股东大会,常设机构是董事会

高频考点 3:我国境内期货交易所概况

	成立时间	交易品种
上海期货交易所	1998 年 8 月成立,1999 年 12 月运营	铜、铝、锌、铅、螺纹钢、线材、热轧卷板、天然橡胶、黄金、白银、燃料油、石油沥青、锡、镍期货等
郑州商品交易所	1990 年 10 月 12 日成立,1993 年 5 月 28 日推出标准化合约	棉花、白糖、精对苯二甲酸(PTA)、菜籽油、小麦、早籼稻、甲醇、动力煤、玻璃、油菜籽、菜籽粕、粳稻、晚籼稻、铁合金期货、棉纱、苹果期货、白糖期权等
大连商品交易所	1993 年 2 月 28 日成立	玉米、黄大豆、豆粕、豆油、棕榈油、线型低密度聚乙烯(LLDPE)、聚氯乙烯(PVC)、聚丙烯、焦炭、焦煤、铁矿石、鸡蛋、胶合板、玉米淀粉期货、豆粕期货期权等
中国金融期货交易所	2006 年 9 月 8 日成立,由上海期货交易所、郑州商品交易所、大连商品交易所以及上海证券交易所和深圳证券交易所共同发起设立,注册资本为 5 亿元人民币	沪深 300 股指期货、5 年期国债期货、10 年期国债期货、上证 50 股指期货和中证 500 股指期货

高频考点4:期货结算机构职能

(1)担保交易履约。

(2)结算交易盈亏。

(3)控制市场风险。

高频考点5:期货结算机构的形式

(1)结算机构是某一交易所的内部机构,仅为该交易所提供结算服务。

(2)结算机构是独立的结算公司,可为一家或多家期货交易所提供结算服务。

目前,我国采取第一种形式。

高频考点6:期货结算制度:分级结算制度

分级结算制度分为以下三个层次。

(1)结算机构对结算会员结算。

(2)结算会员与非结算会员或者结算会员与非结算会员代理客户之间结算。

(3)非结算会员对非结算会员代理客户结算。

高频考点7:我国境内期货结算机构

(一)结算制度

(1)全员结算制度:上海期货交易所、大连商品交易所、郑州商品交易所。

(2)会员分级结算制度:中国金融期货交易所。

(二)会员分级结算制度

(1)在中国金融期货交易所,按照业务范围,会员分为交易会员、交易结算会员、全面结算会员和特别结算会员四种类型。

①交易会员不具有与交易所进行结算的资格,它属于非结算会员。

②交易结算会员、全面结算会员和特别结算会员均属于结算会员,具有与交易所进行结算的资格。

③交易结算会员只能为其受托客户办理结算、交割业务。

④全面结算会员既可以为其受托客户,也可以为与其签订结算协议的交易会员办理结算、交割业务。

⑤特别结算会员只能为与其签订结算协议的交易会员办理结算、交割业务。

(2)实行会员分级结算制度的期货交易所应当配套建立结算担保金制度。

①结算会员通过缴纳结算担保金实行风险共担。

②结算担保金包括基础结算担保金和变动结算担保金。

③基础结算担保金是指结算会员参与交易所结算交割业务必须缴纳的最低结算担保金数额;变动结算担保金是指结算会员结算担保金中超出基础结算担保金的部分,随结算会员业务量的变化而调整。

④结算担保金应当以现金形式缴纳。

高频考点8:期货公司的业务类型

(1)期货经纪业务。

(2)期货投资咨询业务。

(3)资产管理业务。期货公司及其从业人员从事资产管理业务时,不得以欺诈手段或者其他不当方式误导、诱导客户;不得向客户作出保证其资产本金不受损失或者取得最低收益的承诺;接受客户委托的初始资产不得低于中国证监会规定的最低限额;不得占用、挪用客户委托资产;不得以转移资产管理账户收益或者亏损为目的,在不同账户之间进行买卖，损害客户利益；不得以获取佣金或者其他利益为目的，使用客户资产进行不必要的交易；不得利用管理的客户资产为第三方谋取不正当利益，进行利益输送；不得从事法律、行政法规以及中国证监会规定禁止的其他行为。

(4)风险管理业务。试点业务类型：基差交易、仓单服务、合作套保、定价服务、做市业务、其他与风险管理服务相关的业务。

高频考点9：介绍经纪商(IB)

(1)证券公司受期货公司委托从事中间介绍业务，应当提供下列服务。

①协助办理开户手续。

②提供期货行情信息和交易设施。

③中国证监会规定的其他服务。

(2)证券公司不得代理客户进行期货交易、结算或交割，不得代期货公司、客户收付期货保证金，不得利用证券资金账户为客户存取、划转期货保证金。

(3)2012年10月，我国已取消了券商IB业务资格的行政审批，证券公司为期货公司提供中间介绍业务实行依法备案。

高频考点10：个人投资者

(1)根据《金融期货投资者适当性制度实施办法》，个人投资者在申请开立金融期货交易编码前，需先由期货公司会员对投资者的基础知识、财务状况、期货投资经历和诚信状况等方面进行综合评估。具体条件如下。

①申请开户时保证金账户可用资金余额不低于人民币50万元。

②具备金融期货基础知识，通过相关测试。

③具有累计10个交易日、20笔以上(含)的金融期货仿真交易成交记录，或者最近三年内具有10笔以上(含)的期货交易成交记录。

④不存在严重不良诚信记录。

⑤不存在法律、行政法规、规章和交易所业务规则禁止或者限制从事金融期货交易的情形。期货公司会员除按上述标准对投资者进行审核外，还应当按照交易所制定的投资者适当性制度操作指引，对投资者进行综合评估，不得为综合评估得分低于规定标准的投资者申请开立交易编码。

(2)根据上海证券交易所《期货公司参与股票期权业务指南》，个人投资者参与期权交易，应满足资金、交易经历、风险承受能力、诚信状况等条件。具体应当符合下列条件。

①申请开户时托管在其委托的期货公司的上一交易日日终的证券市值与资金可用余额，合计不低于人民币50万元。

②在期货公司开立期货保证金账户6个月以上，并具备金融期货交易经历。

③具备期权基础知识，通过交易所认可的相关测试。

④具有交易所认可的期权模拟交易经历。

⑤具有相应的风险承受能力。

⑥不存在严重不良诚信记录，不存在法律法规、规章和交易所业务规则禁止或者限制从事期权交易的情形。

⑦上海证券交易所规定的其他条件。

个人投资者参与期权交易，应当通过期权经营机构组织的期权投资者适当性综合评估。

在风险管理子公司提供风险管理服务或产品时，其可以选择的自然人客户也要符合条件，即可投资资产高于100万元的高净值自然人客户。

高频考点11:机构投资者

(1)在我国金融期货市场上,将机构投资者分为特殊单位客户和一般单位客户。

(2)在我国股票期权市场上,将机构投资者分为专业机构投资者和普通机构投资者。其中专业机构投资者包括以下几种。

①商业银行、期权经营机构、保险机构、信托公司、基金管理公司、财务公司、合格境外机构投资者等专业机构及其分支机构。

②证券投资基金、社保基金、养老基金、企业年金、信托计划、资产管理计划、银行及保险理财产品,以及由第一项所列专业机构担任管理人的其他基金或者委托投资资产。

③监管机构及本所规定的其他专业机构投资者。

视频讲解　微信扫描

第三章　期货合约与期货交易制度

高频考点1:期货合约标的选择

(1)规格或质量易于量化和评级。

(2)价格波动幅度大且频繁。

(3)供应量较大,不易为少数人控制和垄断。

高频考点2:期货合约的主要条款

期货合约的主要条款:①合约名称。②交易单位/合约价值。③报价单位。④最小变动价位。⑤每日价格最大波动限制。⑥合约交割月份(或合约月份)。⑦交易时间。⑧最后交易日。⑨交割日期。⑩交割等级。⑪交割地点。⑫交易手续费。⑬交割方式。⑭交易代码。

高频考点3:保证金制度

(一)国际期货市场上保证金制度的实施特点

(1)对交易者的保证金要求与其面临的风险相对应。

(2)交易所根据合约特点设定最低保证金标准,并可根据市场风险状况等调节保证金水平。

(3)保证金的收取是分级进行的。

(二)我国境内期货交易保证金制度的特点

(1)对期货合约上市运行的不同阶段规定不同的交易保证金比率。一般来说,距交割月份越近,交易保证金比率随着交割临近而提高。

(2)随着合约持仓量的增大,交易所将逐步提高该合约交易保证金比例。

(3)当某期货合约出现连续涨跌停板时,交易保证金比率相应提高。

(4)当某品种某月份合约按结算价计算的价格变化,连续若干个交易日的累积涨跌幅度达到一定程度时,交易所有权根据市场情况,对部分或全部会员的单边或双边持仓,按同比例或不同比例提高交易保证金水平、限制部分或全部会员划出资金、暂停部分或全部会员增开新仓、调整涨跌停板幅度采取限期平仓或强行平仓等一种或多种措施,以控制风险。

(5)当某期货合约交易出现异常情况时,交易所可按规定的程序调整交易保证金的比例。

高频考点4:当日无负债结算制度特点

(1)对所有账户的交易及头寸按不同品种、不同月份的合约分别进行结算,在此基础上汇总,使每一交易账户的盈亏都能得到及时、具体、真实的反映。

(2)在对交易盈亏进行结算时,不仅对平仓头寸的盈亏进行结算,而且对未平仓合约产生的浮动盈亏也进行结算。

(3)对交易头寸所占用的保证金进行逐日结算。

(4)当日无负债结算制度是通过期货交易分级结算体系实施的。

高频考点5:涨跌停板制度

(1)我国境内期货涨跌停板制度的特点主要有以下几条。

①新上市的品种和新上市的期货合约,其涨跌停板幅度一般为合约规定涨跌停板幅度的两倍或三倍。如合约有成交,则于下一交易日恢复到合约规定的涨跌停板幅度;如合约无成交,则下一交易日继续执行前一交易日涨跌停板幅度。

②在某一期货合约的交易过程中,当合约价格同方向连续涨跌停板、遇国家法定长假或交易所认为市场风险明显变化时,交易所可以根据市场风险调整其涨跌停板幅度。

③对同时适用交易所规定的两种或两种以上涨跌停板情形的,其涨跌停板按照规定涨跌停板中的最高值确定。

(2)在出现涨跌停板情形时,交易所一般将采取如下措施控制风险。

①当某期货合约以涨跌停板价格成交时,成交撮合实行平仓优先和时间优先的原则,但平当日新开仓位不适用平仓优先的原则。

②在某合约连续出现涨(跌)停板单边无连续报价时,实行强制减仓。其目的在于迅速、有效化解市场风险,防止会员大量违约。

高频考点6:持仓限额及大户报告制度

(一)在国际期货市场,持仓限额及大户报告制度的实施特点

(1)交易所可以根据不同期货品种及合约的具体情况和市场风险状况制定和调整持仓限额和持仓报告标准。

(2)通常来说,一般月份合约的持仓限额及持仓报告标准高;临近交割时,持仓限额及持仓报告标准低。

(3)持仓限额通常只针对一般投机头寸,套期保值头寸、风险管理头寸及套利头寸可以向交易所申请豁免持仓限额。

(二)我国境内期货持仓限额及大户报告制度的特点

大连商品交易所、郑州商品交易所和上海期货交易所对持仓限额及大户报告标准的设定一般有如下规定。

(1)交易所可以根据不同期货品种的具体情况,分别确定每一品种每一月份的限仓数额及大户报告标准。

(2)当会员或客户的某品种持仓合约的投机头寸达到交易所对其规定的投机头寸持仓限量80%以上(含本数)时,会员或客户应向交易所报告其资金情况、头寸情况等,客户须通过期货公司会员报告。

(3)市场总持仓量不同,适用的持仓限额及持仓报告标准也不同。当某合约市场总持仓量大时,持仓限额及持仓报告标准也会设置得高一些;反之,当某合约的市场总持仓量小时,持仓限额及持仓报告标准也会低一些。

(4)一般应按照各合约在交易全过程中所处的不同时期来分别确定不同的限仓数额。比如,一般月份合约的持仓限额及持仓报告标准设置得高;临近交割时,持仓限额及持仓报告标准设置得低。

(5)期货公司会员、非期货公司会员、一般客户分别适用不同的持仓限额及持仓报告标准。

高频考点7:我国境内期货强行平仓制度的规定

我国境内期货交易所规定,当会员(客户)出现下列情形之一时,交易所有权对其持仓进行强行平仓。

(1)会员结算准备金余额小于零,并未能在规定时限内补足的。

(2)客户、从事自营业务的交易会员的持仓量超出其限仓规定的。

(3)因违规受到交易所强行平仓处罚的。

(4)根据交易所的紧急措施应予强行平仓的。

(5)其他应予强行平仓的。

高频考点8:下单

(1)市价指令。这种指令的特点是成交速度快,一旦指令下达后不可更改或撤销。

(2)限价指令。限价指令是指执行时必须按限定价格或更好的价格成交的指令。它的特点是可以按客户的预期价格成交,但成交速度相对较慢,有时甚至无法成交。

(3)指令下达方式。客户可以通过书面、电话、互联网或者国务院期货监督管理机构规定的其他方式,向期货公司下达交易指令。目前,通过互联网下单是我国客户最主要的下单方式。

高频考点9:竞价方式

(1)公开喊价方式:

①连续竞价制。

②一节一价制。

(2)计算机撮合成交方式。我国境内期货交易所均采用计算机撮合成交,分为连续竞价和集合竞价两种方式。集合竞价的原理与一节一价制相同。进行连续竞价时,计算机交易系统一般将买卖申报单以价格优先、时间优先的原则进行排序。

当买入价大于、等于卖出价则自动撮合成交,撮合成交价等于买入价(bp)、卖出价(sp)和前一成交价(cp)三者中居中的一个价格,即:

当$bp \geqslant sp \geqslant cp$,则最新成交价$=sp$。

当$bp \geqslant cp \geqslant sp$,则最新成交价$=cp$。

当$cp \geqslant bp \geqslant sp$,则最新成交价$=bp$。

开盘价由集合竞价产生。

开盘价集合竞价在某品种某月份合约每一交易日开市前5分钟内进行。其中,前4分钟为期货合约买、卖价格指令申报时间,后1分钟为集合竞价撮合时间,开市时产生开盘价。

集合竞价采用最大成交量原则,即以此价格成交能够得到最大成交量。

高于集合竞价产生的价格的买入申报全部成交;低于集合竞价产生的价格的卖出申报全部成交;等于集合竞价产生的价格的买入或卖出申报,根据买入申报量和卖出申报量的多少,按少的一方的申报量成交。

集合竞价产生价格的方法有两种。

①交易系统分别对所有有效的买入申报按申报价由高到低的顺序排列,申报价相同的按照进入系统的时间先后排列;所有有效的卖出申报按申报价由低到高的顺序排列,申报价相同的按照进入系统的时间先后排列。

②交易系统逐步将排在前面的买入申报和卖出申报配对成交,直到不能成交为止。开盘集合竞价中的未成交申报单自动参与开市后连续竞价交易。

高频考点10:结算

在我国境内,会员(客户)的保证金可以分为结算准备金和交易保证金。

结算准备金是交易所会员(客户)为了交易结算在交易所(期货公司)专用结算账户预先准备的资金,是未被合约占用的保证金;交易保证金是会员(客户)在交易所(期货公司)专用结算账户中确保合约履行的资金,是已被合约占用的保证金。

高频考点11:期转现交易的优越性

(1)加工企业和生产经营企业利用期转现可以节约期货交割成本;可以灵活商定交货品级、地点和方式;可以提高资金的利用效率。

(2)期转现比“平仓后购销现货”更便捷。

(3)期转现比远期合同交易和期货实物交割更有利。

第四章　套期保值

视频讲解　微信扫描

高频考点1:套期保值的原理

要实现“风险对冲”,在套期保值操作中应满足以下条件。

(1)在套期保值数量的选择上,要使期货与现货市场的价值变动大体相当。

(2)在期货头寸方向的选择上,应与现货头寸相反或作为现货未来交易的替代物。

(3)期货头寸持有时间段与现货承担风险的时间段对应。

高频考点2:卖出套期保值操作的主要适用情形

(1)持有某种商品或资产(此时持有现货多头头寸),担心市场价格下跌,使其持有的商品或资产的市场价值下降,或者其销售收益下降。

(2)已经按固定价格买入未来交收的商品或资产(此时持有现货多头头寸),担心市场价格下跌,使其商品或资产市场价值下降或其销售收益下降。

(3)预计在未来要销售某种商品或资产,但销售价格尚未确定,担心市场价格下跌,使其销售收益下降。

高频考点3:买入套期保值操作的主要适用情形

(1)预计未来要购买某种商品或资产,购买价格尚未确定时,担心市场价格上涨,使其购入成本提高。

(2)目前尚未持有某种商品或资产,但已按固定价格将该商品或资产卖出(此时处于现货空头头寸),担心市场价格上涨,影响其销售收益或者采购成本。

高频考点4:基差变动与套期保值的关系

	基差变化	套期保值效果
卖出套期保值	基差不变	完全套期保值,两个市场盈亏正好完全相抵
	基差走强	不完全套期保值,两个市场盈亏相抵后存在净盈利
	基差走弱	不完全套期保值,两个市场盈亏相抵后存在净亏损
买入套期保值	基差不变	完全套期保值,两个市场盈亏正好完全相抵
	基差走强	不完全套期保值,两个市场盈亏相抵后存在净亏损
	基差走弱	不完全套期保值,两个市场盈亏相抵后存在净盈利

高频考点 5:企业开展套期保值业务需注意的事项

(1)企业在参与期货套期保值之前,需要结合自身情况进行评估,以判断是否有套期保值需求,以及是否具备实施套期保值操作的能力。

(2)企业应完善套期保值的机构设置。要保证套期保值效果,规范的组织体系是科学决策、高效执行和风险控制的重要前提和基本保障。

(3)企业需要具备健全的内部控制制度和风险管理制度。

(4)加强对套期保值交易中现金流风险、流动性风险和操作风险等的管理。

第五章　期货投机与套利交易

视频讲解　微信扫描

高频考点 1:期货投机与套期保值的区别

	期货投机交易	套期保值交易
交易目的	赚取价差收益	利用期货市场规避现货价格波动的风险
交易方式	在期货市场上进行买空卖空,从而获得价差收益	在期货市场上建立现货市场的对冲头寸,以期达到对冲现货市场的价格波动风险
交易风险	为博取价差收益而主动承担相应的价格风险	通过期货交易规避现货价格风险
投资者类型	价格风险偏好者	价格风险厌恶者

高频考点 2:期货投机者的类型

(1)按交易主体划分,期货投机者可分为机构投机者和个人投机者。机构投机者主要包括各类基金、金融机构、工商企业等。

(2)按持有头寸方向划分,期货投机者可分为多头投机者和空头投机者。

高频考点 3:期货投机交易的常见操作方法

(1)金字塔式建仓。金字塔式建仓是一种增加合约仓位的方法,即如果建仓后市场行情走势与预期相同并已使投机者获利,可增加持仓。

增仓应遵循以下两个原则。

①只有在现有持仓已盈利的情况下,才能增仓。

②持仓的增加应渐次递减。

如果建仓后,市场价格变动有利,投机者增加仓位不按金字塔式行事,而是每次买入或卖出的合约份数总是大于前一次的合约份数,合约的平均价就会接近最新成交价,只要价格稍有下降或上升,便会吞食所有利润,甚至亏损,因而不建议采用倒金字塔式的方法进行买入或卖出。

(2)合约交割月份的选择。

①合约的流动性。

②远月合约价格与近月合约价格之间的关系。

根据合约流动性不同,可将期货合约分为活跃月份合约和不活跃月份合约两种。

一般来说,期货投机者在选择合约月份时,应选择交易活跃的合约月份。

(3)正向市场中,多头投机者应买入近月合约;空头投机者应卖出远月合约。

(4)在反向市场中,多头的投机者宜买入交割月份较远的远月合约,空头的投机者宜卖出交割月份较近的近月合约。

(5)在因现货供应极度紧张而出现反向市场的情况下,可能会出现近月合约涨幅大于远月合约的局面,投机者对此也要多加注意,避免进入交割期发生违约风险。

高频考点4:期货价差套利的作用

(1)期货价差套利行为有助于不同期货合约价格之间的合理价差关系的形成。

(2)期货价差套利行为有助于提高市场流动性。

高频考点5:价差与期货价差套利

(1)期货价差是指期货市场上两个不同月份或不同品种期货合约之间的价格差。

(2)价差扩大与缩小。建仓时的价差是用价格较高的期货合约减去价格较低的期货合约。

(3)买入套利与卖出套利。根据套利者对相关合约中价格较高的一边的买卖方向不同,期货价差套利可分为买入套利和卖出套利。

①如果套利者预期两个或两个以上期货合约的价差将扩大,则套利者将买入其中价格较高的合约,同时卖出价格较低的合约,我们称这种套利为买入套利。

②如果套利者预期两个或两个以上相关期货合约的价差将缩小,套利者可通过卖出其中价格较高的合约,同时买入价格较低的合约进行套利,我们称这种套利为卖出套利。

高频考点6:跨期套利(牛市/熊市/蝶式)

(1)跨期套利是指在同一市场(交易所)同时买入、卖出同一期货品种的不同交割月份的期货合约,以期在有利时机同时将这些期货合约对冲平仓获利。

(2)根据套利者对不同合约月份中近月合约与远月合约买卖方向的不同,跨期套利可分为牛市套利、熊市套利和蝶式套利。

①牛市套利。当市场出现供给不足、需求旺盛或者远期供给相对旺盛的情形,导致较近月份合约价格上涨幅度大于较远月份合约价格的上涨幅度,或者较近月份合约价格下跌幅度小于较远月份合约价格的下跌幅度,无论是正向市场还是反向市场,在这种情况下,买入较近月份的合约同时卖出较远月份的合约进行套利,盈利的可能性比较大,我们称这种套利为牛市套利。

②熊市套利。当市场出现供给过剩,需求相对不足时,一般来说,较近月份的合约价格下跌幅度要大于较远月份合约价格的下跌幅度,或者较近月份的合约价格上涨幅度小于较远月份合约价格的上涨幅度。无论是在正向市场还是在反向市场,在这种情况下,卖出较近月份的合约同时买入较远月份的合约进行套利,盈利的可能性比较大,我们称这种套利为熊市套利。

③蝶式套利。蝶式套利是跨期套利中的又一种常见形式。它是由共享居中交割月份一个牛市套利和一个熊市套利组合而成。由于较近月份和较远月份的期货合约分别处于居中月份的两侧,形同蝴蝶的两个翅膀,因此称为蝶式套利。

蝶式套利的具体操作方法是:买入(或卖出)较近月份合约,同时卖出(或买入)居中月份合约,并买入(或卖出)较远月份合约,其中,居中月份合约的数量等于较近月份和较远月份合约数量之和。

高频考点 7:跨品种套利和跨市套利

(1)跨品种套利。利用两种或三种不同的但相互关联的商品之间的期货合约价格差异进行套利,即同时买入或卖出某一交割月份的相互关联的商品期货合约,以期在有利时机同时将这些合约对冲平仓获利。跨品种套利又可分为以下两种情况。

①相关商品之间的套利。

②原材料与成品之间的套利:大豆提油套利;反向大豆提油套利。

(2)跨市套利。也称市场间套利,是指在某个交易所买入(或卖出)某一交割月份的某种商品合约的同时,在另一个交易所卖出(或买入)同一交割月份的同种商品合约,以期在有利时机分别在两个交易所同时对冲所持有的合约而获利。

高频考点 8:期现套利

期现套利是通过利用期货市场和现货市场的不合理价差进行反向交易而获利。

(1)如果价差远远高于持仓费,套利者就可以通过买入现货,同时卖出相关期货合约,待合约到期时,用所买入的现货进行交割。获取的价差收益扣除买入现货后所发生的持仓费用之后还有盈利,从而产生套利利润。

(2)如果价差远远低于持仓费,套利者就可以通过卖出现货,同时买入相关期货合约,待合约到期时,用交割获得的现货来补充之前所卖出的现货。价差的亏损小于所节约的持仓费,因而产生盈利。

第六章　期　权

视频讲解 微信扫描

高频考点 1:期权及其基本要素

期权也称选择权,指期权的买方有权在约定的期限内,按照事先确定的价格,买入或卖出一定数量某种特定商品或金融指标的权利。

期权基本要素包括以下内容。

(1)期权的价格:也称权利金、期权费、保险费,期权买方为获得按约定价格购买或出售标的资产的权利而支付给卖方的费用。

(2)标的资产:期权合约中约定的、买方行使权利时所购买或出售的资产。

(3)行权方向:行权方向有买入和卖出两种。

(4)执行价格:期权合约中约定的、买方行使权利时购买或出售标的资产的价格。

(5)有效期限:买方在给卖方支付一定期权费用后,可以在约定时间内,行使其以约定价格购买或出售特定资产的权利。超过这一期限,则期权失效。

高频考点 2:期权的特点

(1)买卖双方的权利义务不同。

(2)买卖双方的收益和风险特征不同。

(3)对买卖双方保证金缴纳要求不同。

(4)从避险角度考虑,买进期权和卖出期权的功能不同。

(5)独特的非线性损益结构。

高频考点 3:期权的基本类型

(1)按照对买方行权时间规定的不同,可以将期权分为美式期权和欧式期权。

(2)按照买方行权方向的不同,可将期权分为看涨期权和看跌期权。

(3)按照期权标的资产类型的不同,可将期权分为商品期权和金融期权。

(4)按照期权市场类型的不同,期权可以分为场内期权和场外期权。

(5)奇异期权。

高频考点4:期权的内涵价值和时间价值

(1)期权的内涵价值。

看涨期权的内涵价值 = Max($S-K$,0)

看跌期权的内涵价值 = Max($K-S$,0)

其中,S 为标的资产的市场价格,K 为期权的执行价格。

(2)依据内涵价值的不同,可将期权分为实值期权、虚值期权和平值期权。

(3)期权的时间价值。

时间价值 = 权利金 - 内涵价值

(4)不同期权的时间价值。

①平值期权和虚值期权的时间价值总是大于等于0。

②美式期权的时间价值总是大于等于0。

③实值欧式看跌期权的时间价值可能小于0。

高频考点5:买进看涨期权及基本运用

(1)目的和基本操作。

看涨期权的买方在支付权利金后,便可享有按约定的执行价格买入相关标的资产的权利,但不负有必须买进的义务,从而避免了直接购买标的资产后价格下跌造成的更大损失。一旦标的资产价格上涨至执行价格以上,便可执行期权,以低于标的资产的价格(执行价格)获得标的资产;买方也可在期权价格上涨或下跌时卖出期权平仓,获得价差收益或避免损失全部权利金。

(2)损益分析(如图1所示)。

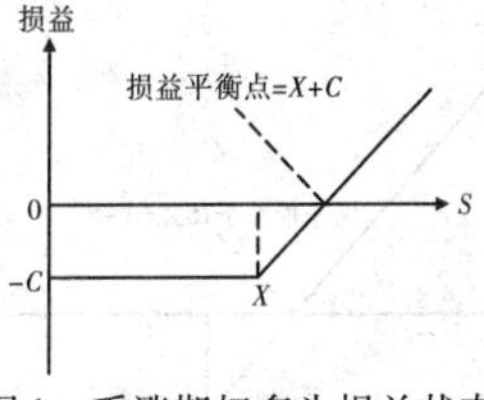

图1　看涨期权多头损益状态

注:图中 C 为期权的价格,X 为执行价格,S 为标的资产价格。标的资产价格越高,对看涨期权多头越有利。

(3)基本运用。

①获取价差收益。

②追逐更大的杠杆效应。

③限制卖出标的资产的风险。

④锁定现货成本,对冲标的资产价格风险。

高频考点6:卖出看涨期权

(1)目的和基本操作。

交易者卖出看涨期权的主要目的是获取期权费。

看涨期权卖方在收取期权费后，便承担了按约定的执行价格卖出相关标的资产的义务。如果买方行权，卖方被指定履约时，须以执行价格向买方出售标的资产，此时标的资产价格应该高于执行价格；如果标的资产价格低于执行价格，买方放弃行权，卖方可实现赚取权利金收入的目的；卖方也可在期权到期前买进同一看涨期权，将所持看涨期权空头对冲平仓，获得权利金价差收益或减少价格向不利方向变动时的损失。

(2)损益分析(如图 2 所示)。

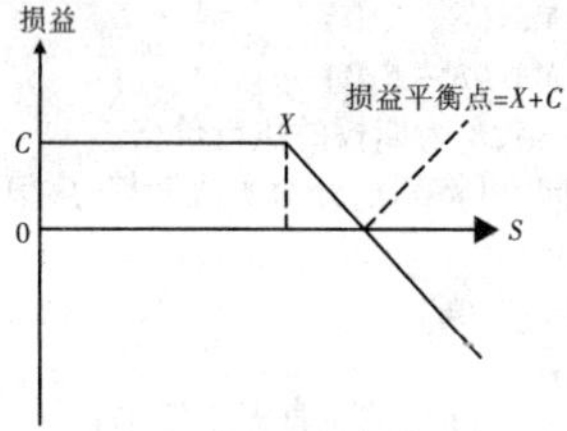

图 2　看涨期权空头损益状态

(3)基本运用。

①获取权利金收入或权利金价差收益。

②增加标的资产多头的利润。

高频考点 7：买进看跌期权

(1)目的和基本操作。

看跌期权的买方在支付权利金后，便可享有按约定的执行价格卖出相关标的资产的权利，但不负有必须卖出的义务。一旦标的资产价格下跌，便可执行期权，以执行价格卖出标的资产；如果标的资产价格上涨，则可放弃执行期权，或将期权卖出平仓，从而规避了直接卖出标的资产后价格上涨造成的更大损失。

(2)损益分析(如图 3 所示)。

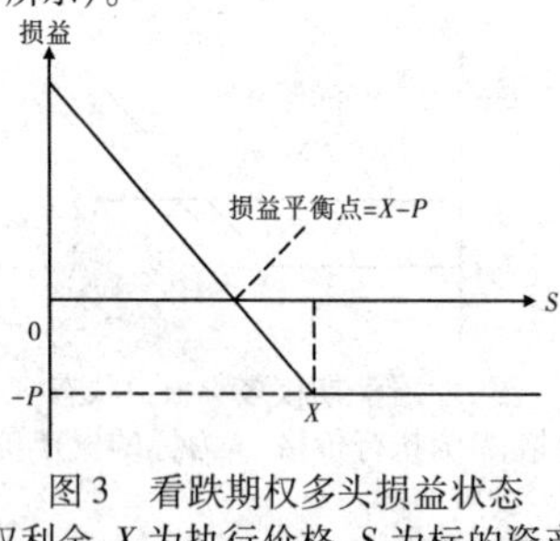

图 3　看跌期权多头损益状态

注：图中 P 为期权的权利金，X 为执行价格，S 为标的资产价格。在一定范围内，标的资产价格越低，对看跌期权越有利。

(3)基本运用。

①获取价差收益。

②博取更大杠杆效用。

③保护标的资产多头。

④锁定现货持仓收益，对冲标的资产价格下跌风险。

(4)与卖出期货合约对冲现货价格下跌风险相比,利用买进看跌期权进行套期保值的特征主要表现为以下几方面。

①初始投入可能更低,杠杆效用可以更大。

②当标的资产价格变化对现货持仓不利时,如标的资产价格下跌,交易者在期货市场的盈利可弥补现货价格下跌的损失;购买看跌期权也可达到此目的,同样,通过看跌期权多头对冲标的资产价格下跌的风险,比通过卖出期货合约对冲标的资产价格风险要多付出权利金或时间价值的代价。

③当标的资产价格变化对现货持仓有利时,如标的资产价格上涨,期货持仓亏损,套期保值者需要补交保证金,此时现货盈利被期货亏损抵补。而看跌期权买方也会产生亏损,但既不用支付任何额外费用,也限制了最大损失;当标的资产价格上涨远远高于期权费时,交易者还可享受标的资产价格有利变化所产生的利润。所以,此情形下利用看跌期权多头对冲标的资产价格下跌的风险比利用期货空头建仓更有利。

高频考点8:卖出看跌期权

(1)目的和基本操作。

卖出看跌期权的主要目的也是获取期权费。

看跌期权卖方在获得期权费后,便拥有了履约义务。如果标的资产价格高于执行价格,则买方不会行权,卖方可获得全部权利金收入,或者在期权价格上涨时买入期权平仓,获得价差收益。当标的资产价格下跌至执行价格以下,买方执行期权,卖方被要求履约时,必须以执行价格从买方处买入标的资产,随着标的资产价格的下跌,卖方收益减少,直至出现亏损,下跌越多,亏损越大。

(2)损益分析(如图4所示)。

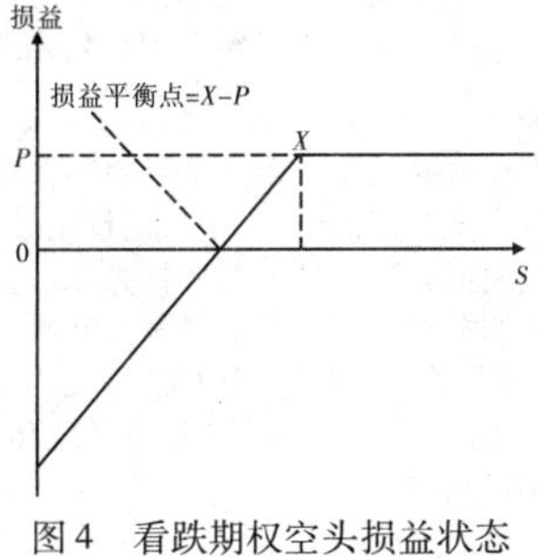

图4　看跌期权空头损益状态

(3)基本运用。

①获得权利金或价差收益。

②对冲标的资产空头。

③低价买进标的资产。

高频考点9:期权组合套利基本策略

(1)牛市差价组合。

①看涨期权多头与协议价格较高的看涨期权空头组合,其期初现金流为负。

②看跌期权多头与协议价格较高的看跌期权空头,其期初现金流为正。

(2)熊市价差组合。

①看涨期权多头与协议价格较低的看涨期权空头组合,其期初现金流为正。

②看跌期权多头与协议价格较低的看跌期权空头,其期初现金流为负。

(3)蝶式差价组合:若标的资产市场价格波动很小时,做多(多头)蝶式差价组合可获利;若标的资产价格方向不明确或预测价格波动大,做空(空头)蝶式差价组合可获利。

(4)跨式期权组合:当投资者不确定标的资产价格变动方向,且预测价格可能会大幅波动时做多跨式期权组合;当投资者不确定标的资产价格变动方向,且预测价格可能会比较稳定时做空跨式期权组合。

(5)宽跨式期权组合:多头宽跨式期权组合与多头跨式期权组合相比,节约了购买期权的成本,却加大了获利所需标的资产波动的幅度(空头宽跨式期权组合则相反)。

第七章 外汇衍生品

视频讲解 微信扫描

高频考点1:汇率的标价

(1)直接标价法。直接标价法是指以本币表示外币的价格,即以一定单位(1个、100个或1 000个单位)的外国货币作为标准,折算为一定数额本国货币的标价方法。在国际外汇市场上,日元、瑞士法郎、加元等大多数外汇都采用直接标价法。

(2)间接标价法。间接标价法是以外币表示本币的价格,即以一定单位(1个、100个或1 000个单位)的本国货币作为标准,折算为一定数额外国货币的标价方法。在国际外汇市场上,欧元、英镑、澳元等采用间接标价法。

(3)美元标价法。世界主要交易的货币(日元除外)的标价一般由小数点前一位加上小数点后四位(或五位)构成。

在外汇交易中,某种货币标价变动一个“点”的价值称为点值,是汇率变动的最小单位。例如,欧元兑美元的汇率由1.156 3上升至1.156 4,则欧元上涨了一个“点”。

高频考点2:远期汇率与升贴水

(1)即期汇率:交易双方在交易后2个营业日以内办理交割所使用的汇率。

(2)远期汇率:交易双方事先约定的,在未来一定日期进行外汇交割的汇率。

(3)升水:一种货币的远期汇率高于即期汇率称为升水,又称远期升水。

(4)贴水:一种货币的远期汇率低于即期汇率称为贴水,又称远期贴水。

(5)升水和贴水与两种货币的利率差密切相关。一般而言,利率较高的货币远期汇率表现为贴水,即该货币的远期汇率比即期汇率低;利率较低的货币远期汇率表现为升水,即该货币远期汇率比即期汇率高。

高频考点3:外汇远期交易

外汇远期交易指交易双方以约定的币种、金额、汇率,在未来某一约定的日期交割的外汇交易。

外汇远期交易通常应用在以下几个方面。

(1)进出口商通过锁定外汇远期汇率来规避汇率风险。

(2)短期投资者或外汇债务承担者通过外汇远期交易规避汇率风险。

①在没有外汇管制的情况下,如果一国的利率低于他国,则该国的资金就会流向他国以谋求高息。

②投资者如果在国外有定期外汇债务,则可以利用外汇远期交易以防债务到期时多付出本国货币。

③无本金交割的外汇远期。是一种场外交易的外汇衍生工具，主要是由银行充当中介机构，交易双方基于对汇率预期的不同看法，签订无本金交割远期交易合约，确定远期汇率、期限和金额，合约到期只需对远期汇率与实际汇率的差额进行交割清算，结算的货币是自由兑换货币(一般为美元)，无须对 NDF 的本金(受限制货币)进行交割。

人民币 NDF 是指以人民币汇率为计价标准的外汇远期合约，按照合约本金金额以及约定的定价日中国外汇交易中心人民币即期挂牌价与合约汇率之间的差额，可计算远期交易的盈亏，并按照定价日人民币即期挂牌价将合约盈亏金额换算为美元后，以美元进行交割，契约本金无须交割，交易双方亦不用持人民币进行结算。

高频考点 4:外汇期货套期保值

(1)卖出套期保值。外汇期货卖出套期保值又称外汇期货空头套期保值，指在现汇市场上处于多头地位的交易者为防止汇率下跌，在外汇期货市场上卖出期货合约对冲现货的价格风险。适合外汇期货卖出套期保值的情形主要包括以下几种。

①持有外汇资产者，担心未来货币贬值。

②出口商和从事国际业务的银行预计未来某一时间将会得到一笔外汇，为了避免外汇汇率下跌造成损失。

(2)买入套期保值。外汇期货买入套期保值又称外汇期货多头套期保值，指在现汇市场处于空头地位的交易者为防止汇率上升，在期货市场上买入外汇期货合约对冲现货的价格风险。适合做外汇期货买入套期保值的情形主要包括以下几种。

①外汇短期负债者担心未来货币升值。

②国际贸易中的进口商担心付汇时外汇汇率上升造成损失。

(3)交叉套期保值。在国际外汇期货市场上，若需要回避两种非美元货币之间的汇率风险，就可以运用交叉货币套期保值。交叉套期保值是指利用相关的两种外汇期货合约为一种外汇保值。进行交叉套期保值的关键是要把握以下两点。

①正确选择承担保值任务的另一种期货，只有相关程度高的品种，才是为手中持有的现汇进行保值的适当工具。

②正确调整期货合约的数量，使其与被保值对象相匹配。

高频考点 5:外汇期货套利

(1)外汇期现套利。外汇期现套利是在外汇现货和期货中同时进行交易方向相反的交易，即通过卖出高估的外汇期货合约或现货，同时买入被低估的外汇期货合约或现货的方式来达到获利的目的。

(2)外汇期货跨期套利。外汇期货跨期套利是指交易者同时买入或卖出相同品种不同交割月份的外汇期货合约，以期合约间价差朝有利方向发展后平仓获利的交易行为。外汇期货跨期套利可以分为牛市套利、熊市套利和蝶式套利。

①牛市套利:买入近期月份的外汇期货合约的同时卖出远期月份的外汇期货合约进行套利盈利的模式为牛市套利。

在牛市套利中，只要两个合约间的价差缩小，套利者就能获利。

②熊市套利:卖出近期月份的外汇期货合约同时买入远期月份的外汇期货合约进行套利盈利的模式为熊市套利。

在熊市套利中，只要两个合约间的价差扩大，套利者就能获利。

③蝶式套利:由一个共享居中交割月份的一个牛市套利和一个熊市套利的跨期套利组合。

具体操作方法:交易者买入(或卖出)近期月份合约，同时卖出(或买入)居中月份合约并买入(或卖出)远期月份合约。其中,居中月份合约的数量等于近期月份和远期月份数量之和。

(3)外汇期货跨币种套利。外汇期货跨币种套利是指交易者根据对交割月份相同而币种不同的期货合约在某一交易所的价格走势的预测,买进某一币种的期货合约,同时卖出另一币种相同交割月份的期货合约,从而进行套利交易。

(4)外汇期货跨市场套利。外汇期货跨市场套利是指交易者根据对同一外汇期货合约在不同交易所的价格走势的预测,在一个交易所买入一种外汇期货合约,同时在另一个交易所卖出同种外汇期货合约,从而进行套利交易。

高频考点6:外汇掉期

(1)外汇掉期的形式。

外汇掉期又被称为汇率掉期,指交易双方约定在前后两个不同的起息日以约定的汇率进行方向相反的两次货币交换。

在实务交易中,根据起息日不同,外汇掉期交易的形式包括即期对远期的掉期交易、远期对远期的掉期交易和隔夜掉期交易。

(2)外汇掉期的报价。

①根据起息日的远近,每笔外汇掉期交易包含一个近端起息日和一个远端起息日。这两个不同起息日所对应的汇率称为掉期汇率。

掉期汇率可分为近端汇率(第一次交换货币时适用的汇率)和远端汇率(第二次交换货币时适用的汇率)。远端汇率和近端汇率的点差被称为“掉期点”。

②在外汇掉期交易中交易双方分为发起方和报价方,双方会使用两个约定的汇价交换货币。

这两个约定的汇价被称为掉期全价,由交易成交时报价方报出的即期汇率加相应期限的“掉期点”计算获得。因此,掉期全价包括近端掉期全价和远端掉期全价。

由于掉期交易中,发起方可以先买后卖,也可以先卖后买,所以发起方的掉期全价计算方法也有所不同。需要注意的是,一般掉期交易中汇率的报价方式为做市商式报价。

①在外汇掉期交易中,如果发起方近端买入、远端卖出,则:

近端掉期全价 = 即期汇率的做市商卖价 + 近端掉期点的做市商卖价

远端掉期全价 = 即期汇率的做市商卖价 + 远端掉期点的做市商买价

②如果发起方近端卖出、远端买入,则:

近端掉期全价 = 即期汇率的做市商买价 + 近端掉期点的做市商买价

远端掉期全价 = 即期汇率的做市商买价 + 远端掉期点的做市商卖价

(3)外汇掉期的适用情形。

①对冲货币贬值风险:交易者持有货币 A,因为需要转换成另一种货币 B,而在远期又要将 B 换回成 A,通过掉期交易可避免 B 的贬值风险。

②调整资金期限结构:所谓资金期限结构是指支付外汇与收到外汇的期限分布。所谓调整就是当外汇收付时间不匹配时,将所持有的即期外汇变成远期外汇或将远期外汇变成即期外汇(或是比原来期限短的远期)使得外汇收付时间一致。

高频考点7:货币互换

货币互换是指在约定期限内交换约定数量两种货币的本金,同时定期交换两种货币利息的交易。其中,本金交换的形式包括以下几种。

(1)在协议生效日双方按约定汇率交换两种货币本金,在协议到期日双方再以相同的汇率、相同的金额进行一次本金的反向交换。

(2)在协议生效日和到期日均不实际交换两种货币本金。

(3)在协议生效日不实际交换两种货币本金、到期日实际交换本金。

(4)主管部门规定的其他形式。

高频考点 8:外汇期权的分类

(1)按期权持有者的交易目的划分,可分为买入期权(看涨期权)和卖出期权(看跌期权)。

(2)按产生期权合约的原生金融产品划分,可分为现汇期权(又称为货币期权)和外汇期货期权。

(3)按期权持有者可行使交割权利的时间可分为欧式期权和美式期权。

视频讲解 微信扫描

第八章　利率期货及衍生品

高频考点 1:利率期货

(1)利率期货是指利率类金融工具为期货合约标的物的期货品种。

(2)利率类金融工具:定期存单、同业拆借资金、短期国债(国库券)、中长期国债。

高频考点 2:利率期货的分类

根据利率期货合约标的期限不同,利率期货分为短期利率期货和中长期利率期货两类。中长期利率期货主要是国债期货。

(1)短期利率期货合约的标的主要是定期存单和同业折借资金,期限不超过 1 年。

国际市场有代表性的期货品种:芝加哥期货交易所(CME)的 1 个月和 3 个月的欧洲美元期货、伦敦金融期货交易所(LIFFE)的 3 个月欧元拆借利率期货和 3 个月英镑利率期货、欧洲期货交易所的 3 个月欧元拆借利率期货、欧元隔夜拆借利率期货、中国香港期货交易所的 1 个月和 3 个月港元拆借利率期货等。

(2)中长期利率期货合约的标的主要为中长期国债,期限在 1 年以上。

国际市场较有代表性的期货品种:CME 的 2 年期、3 年期、5 年期、10 年期的美国中期国债(T – Notes)期货和美国长期国债(T – Bonds)期货;伦敦国际金融期货交易所的 2 年期德国国库券期货、10 年德国政府债券期货和英国政府债券期货;CME 的利率互换期货有 5 – Year、10 – Year、20 – Year、30 – Year USD MAC Swap Futures;EUREX 的利率互换期货是 Euro – Swap Futures;我国 5 年期和 10 年期国债期货。

高频考点 3:利率期货的报价

(一)短期利率期货的报价

(1)3 个月欧洲美元期货、3 个月银行间欧元拆借利率期货的报价采用指数式报价,即用 100 减去不带百分号的年利率报价(比如年利率为 2.5%,报价为 97.500)。

(2)CME 的 3 个月欧洲美元期货合约的标的是本金为 1 000 000 美元,期限为 3 个月的欧洲美元定期存单。最近到期合约最小变动价位为 1/4 个基点(1 个基点是指数的 1%,即 0.01,代表的合约价值为 1 000 000 ×0.01% ×3/12 =25 美元),即 0.002 5,代表合约的最小变动价值为 6.25 美元(25/4)。

其他挂牌合约最小变动价位为 1/2 个基点,即 0.005,代表合约的最小变动价值为 12.5 美元。

(二)国债期货的报价

(1)大部分国家国债期货的报价通常采用价格报价法,按照百元面值国债的净价报价，价格采用小数点后十进位制。

（2）中国金融期货交易所的国债期货以此种方式报价，比如“97.335”的报价意味着面值为100元的国债价格为97.335元，为不含持有期利息的交易价格。

（3）美国中长期国债期货也是采用价格报价法，但其价格小数点后价格进位方式比较特殊，在美国中长期国债期货报价中，比如118′222（或118－222），报价由三部分组成，即“①118′②22③2”。其中，“①”部分可以称为国债期货报价的整数部分，“②”“③”两个部分称为国债期货报价的小数部分。

“①”部分的价格变动的“1点”代表100 000美元/100＝1 000美元，比如从118上涨为119，称为价格上升1点。

“②”部分数值为“00到31”，采用32进位制，价格上升达到“32”向前进位到整数部分加“1”，价格下降跌破“00”向前整数位借“1”得到“32”。此部分价格变动“1/32点”代表1 000×1/32＝31.25（美元），比如从“05”涨到“06”，或跌到“04”。

“③”部分用“0”“2”“5”“7”4个数字“表示”。其中，“0”代表0；“2”代表1/32点的1/4，即0.25/32点；“5”代表1/32点的1/2，即0.5/32点；“7”代表1/32点的3/4，即0.75/32点。

高频考点4：国债期货

（一）5年期国债期货交易与10年期国债期货交易

2013年9月6日，国内推出5年期国债期货交易，随后，2015年3月20日，推出10年期国债期货交易。

	5年期国债	10年期国债期货
合约标的	面值为100万元人民币、票面利率为3%的名义中期国债	面值为100万元人民币、票面利率为3%的名义长期国债
可交割国债	发行期限不高于7年、合约到期月份首日剩余期限为4～5.25年的记账式付息国债	发行期限不高于10年、合约到期月份首日剩余期限不低于6.5年的记账式付息国债
报价方式	百元净价报价	百元净价报价
交割方式	实物交割	实物交割
交易代码	TF	T

（二）转换因子

国债期货实行一揽子可交割国债的多券种交割方式，当合约到期进行实物交割时，可交割国债为一系列符合条件的不同剩余期限、不同票面利率的国债品种。

因票面利率与剩余期限不同，必须确定各种可交割国债与期货合约标的的名义标准国债之间的转换比例，这个比例就是转换因子。

转换因子实质上是面值1元的可交割国债在其剩余期限内的所有现金流按国债期货合约标的的票面利率折现的现值。

（三）发票价格

用可交割国债的转换因子乘以期货交割结算价可得到转换后该国债的价格（净价），用国债净价加上持有国债期间的应计利息收入即可得到国债期货交割时卖方出让可交割国债时应得到的实际现金价格（全价），该价格为可交割国债的出让价格，也称发票价格。

（四）最便宜可交割债券

在一揽子可交割国债的交割制度下，剩余期限在一定范围内的国债都可以参与交割。由于可交割债券的票面利率和剩余期限不同，即便使用转换因子进行折算，各种可交割国债之间仍然存在差别。

由于期货合约的卖方拥有可交割国债的选择权，卖方一般会选择最便宜、对己方最有利、交割成本最低的可交割国债进行交割，该债券就是最便宜可交割债券。

最便宜可交割债券的价格决定了国债期货合约的价格。

高频考点5：国债期货投机和套利

（一）概念与分类

国债期货投机是指通过买卖国债期货合约，持有多头或空头头寸，以期从期货合约价格变动中博取风险收益的交易策略。

按持有头寸和交易方向的不同，国债期货投机分为牛市策略和熊市策略。

国债期货套利包括国债期货合约间价差套利策略和期现套利策略两大类。

（二）多头策略和空头策略

（1）多头策略：若投资者预期市场利率下降，或者预期一定有效期内债券收益率下降，则债券价格将会上涨，便可选择多头策略，买入国债期货合约，期待期货价格上涨获利。

（2）空头策略：若投资者预期市场利率上升或债券收益率上升，则债券价格将下跌，便可选择空头策略，卖出国债期货合约，期待期货价格下跌获利。

（三）期现套利与国债基差交易

国债期现套利是指投资者基于国债期货和现货价格的偏离，同时买入（或卖出）现货国债并卖出（或买入）国债期货，以期获得套利收益的交易策略。因该交易方式和基差交易较为一致，通常也称国债基差交易。

国债基差是指国债现货价格和可交割国债对应期货价格之差，用公式表示如下：

国债基差 = 国债现货价格 − 国债期货价格 × 转换因子

（1）买入基差（基差多头）策略：买入基差策略，即买入国债现货、卖出国债期货，待基差扩大平仓获利。

（2）卖出基差（基差空头）策略：卖出基差策略，即卖出国债现货、买入国债期货，待基差缩小平仓获利。

（四）国债期货合约间套利

（1）跨期套利。在国债期货交易中，当国债期货不同交割月份合约间价差过大或过小时，就存在潜在的套利机会。

根据价差买卖方向不同，国债期货跨期套利分为国债期货买入价差套利和国债期货卖出价差套利两种。

买入价差套利，适用于国债期货合约间价差低估的情形，买入高价合约的同时卖出低价合约，待价差恢复后，同时平仓获利；卖出价差套利，适用于国债期货合约间价差高估的情形，卖出高价合约的同时买入低价合约，待价差恢复后，同时平仓获利。

（2）跨品种套利。国债期货跨品种套利交易策略主要是利用不同期限债券对市场利率变动的不同敏感程度而制定的。

一般情况下，期限长的债券对利率变动的敏感程度要大于期限短的债券对利率变动的敏感程度。

当市场利率上升或下降时，长期债券价格的跌幅或涨幅要大于短期债券价格的跌幅或涨幅。

投资者可以根据对市场利率变动趋势的预测,选择期限不同的国债期货合约进行跨品种套利。

如果债券收益率曲线出现平坦化或陡峭化的变动,不同期限国债期货品种之间的价差就会存在高估或低估的情形,从而出现跨品种套利机会。

当投资者预期收益率曲线将更为陡峭,则可以买入短期国债期货,卖出长期国债期货,实现“买入收益率曲线”套利;相反,当投资者预期收益率曲线将变得平坦时,则可以卖出短期国债期货,买入长期国债期货,实现“卖出收益率曲线”套利。

高频考点6:国债期货套期保值

(一)买入套期保值

国债期货买入套期保值是通过期货市场开仓买入国债期货合约,以期在现货和期货两个市场建立盈亏冲抵机制,规避市场利率下降的风险。其适用的情形主要有以下几种。

(1)计划买入债券,担心利率下降,导致债券价格上升。

(2)按固定利率计息的借款人,担心利率下降,导致资金成本相对增加。

(3)资金的贷方,担心利率下降,导致贷款利率和收益下降。

(二)卖出套期保值。

国债期货卖出套期保值是通过期货市场开仓卖出利率期货合约,以期在现货和期货两个市场建立盈亏冲抵机制,规避市场利率上升的风险。其适用的情形主要有以下几种。

(1)持有债券,担心利率上升,其债券价格下跌或者收益率相对下降。

(2)利用债券融资的筹资人,担心利率上升,导致融资成本上升。

(3)资金的借方,担心利率上升,导致借入成本增加。

高频考点7:远期利率协议

远期利率协议(FRA)是远期合约的一种,是指买卖双方同意从未来某一时刻开始的某一特定期限内按照协议借贷一定数额以特定货币表示的名义本金的协议。

1×4 远期利率,表示1个月之后开始、4个月之后结束,期限为3个月的远期利率。

高频考点8:利率期权

(一)利率期权的概念

利率期权是指以利率类金融工具为期权标的物的期权合约。

标的物:利率和与利率挂钩的产品,包括国债、存单等。

(二)利率上限(期权)协议

利率上限(期权)协议又称“利率封顶”,通常与利率互换组合,期权的买方支付权利金,与期权的卖方达成一个协议,该协议中指定某一种市场参考利率,同时确定一个利率上限水平。在规定的期限内,如果市场参考利率高于协定的利率上限水平,卖方向买方支付市场利率高于利率上限的差额部分;如果市场参考利率低于或等于协定的利率上限水平,则卖方无须承担任何支付义务。

(三)利率下限(期权)协议

利率下限(期权)协议又称“利率封底”,与利率上限(期权)相反,期权买方在市场参考利率低于下限利率时可取得低于下限利率的差额。利用利率下限(期权)可以防范利率下降的风险。

如果市场利率下降,浮动利率投资的利息收入会减少,固定利率债务的利息负担会相对加重,企业面临债务负担相对加重的风险。通过买入利率下限(期权),固定利率负债方或者浮动利率投资者可以获得市场利率与协定利率的差额作为补偿。

高频考点 9:利率互换

(1)利率互换是指交易双方约定在未来一定期限内,根据同种货币的名义本金交换现金流,其中一方的现金流按事先确定的某一浮动利率计算,另一方的现金流则按固定利率计算。

(2)利率互换的常见期限有 1 年、2 年、3 年、4 年、5 年、7 年与 10 年,30 年和 50 年的互换也时有发生。

视频讲解 微信扫描

第九章　股指期货及其他权益类衍生品

高频考点 1:股票指数编制方法

(1)需要从所有上市股票中选取一定数量的样本股票。

(2)在确定了样本股票之后,还要选择一种计算公式作为编制的工具。通常的计算方法有三种:算术平均法、加权平均法和几何平均法。

(3)在此基础上,确定一个基期日,并将某一既定的整数(如 10、100、1 000 等)定为该基期的股票指数。

(4)之后,根据各时期的股票价格和基期股票价格的对比,计算出升降百分比,即可得出该时点的股票指数。

高频考点 2:股指期货特点

(1)股指期货以指数点数报出,期货合约的价值由所报点数与每个指数点所代表的金额相乘得到。

(2)股指期货采用现金交割。

(3)与利率期货相比,由于股价指数波动大于债券,而期货价格与标的资产价格紧密相关,股指期货价格波动要大于利率期货。

高频考点 3:股指期货的应用

(1)套期保值:降低投资组合的系统性风险。

(2)投机套利:股指期货与股票指数之间以及不同的股指期货之间。

(3)作为组合管理或企业发行或回购股票的工具。

高频考点 4:沪深 300 指数期货

(1)合约乘数。

沪深 300 指数期货的合约乘数为每点人民币 300 元。指数点为 3 000 点时,合约价值等于 3 000 点乘以 300 元,即 90 万元。

(2)报价方式与最小变动价位。

①报价方式:以指数点报价。

沪深 300 股指期货的交易指令分为市价指令、限价指令及交易所规定的其他指令。

②报价变动的最小单位即为最小变动价位:0.2 点。每张合约的最小变动值为 0.2 乘以 300 元,即 60 元。

(3)合约月份:沪深 300 指数期货合约的合约月份为当月、下月及随后两个季月,共 4 个月份合约。

(4)每日价格最大变动限制。

①沪深300指数期货的每日价格波动限制为上一交易日结算价的±10%。

②季月合约上市首日涨跌停板幅度为挂盘基准价的±20%。

③沪深300指数期货合约最后交易日涨跌停板幅度为上一交易日结算价的±20%。

(5)保证金。

当前,中国金融期货交易所已将沪深300指数期货所有合约的交易保证金标准统一调整至10%,并将沪深300指数期货合约最低保证金标准下调至8%。

(6)持仓限额。

①沪深300指数期货的持仓限额是指交易所规定的会员或者客户对某一合约单边持仓的最大数量。

②同一客户在不同会员处开仓交易,其在某一合约单边持仓合计不得超过该客户的持仓限额。

高频考点5:最佳套期保值比率与β系数

用股指期货进行的套期保值多数是交叉套期保值。

(1)单个股票的β系数。

①β系数是测度股票的市场风险的传统指标。

②β系数显示股票的价值相对于市场价值变化的相对大小。也称为股票的相对波动率。

③β系数大于1,说明股票比市场整体波动性高,因而其市场风险高于平均市场风险。

④β系数小于1,说明股票比市场整体波动性低,因而其市场风险低于平均市场风险。

(2)股票组合的β系数。

当投资者拥有一个股票组合时,就要计算这个组合的β系数。

$$\beta = X_1\beta_1 + X_2\beta_2 + \cdots + X_n\beta_n$$

(3)最优套期保值比率的确定。

$$\text{买卖套期合约数量} = \beta \times \frac{\text{现货总价值}}{\text{期货指数点} \times \text{每点乘数}}$$

β系数越大,所需的期货合约数就越多;反之,则越少。

高频考点6:股指期货卖出套期保值

卖出套期保值是指交易者为了规避股票市场价格下跌的风险,通过在期货市场卖出股票指数期货合约的操作,而在股票市场和期货市场上建立盈亏冲抵机制。

进行卖出套期保值的情形主要是投资者持有股票组合,担心股市大盘下跌而影响股票组合的收益。

高频考点7:股指期货买入套期保值

买入套期保值是指交易者为了规避股票市场价格上涨的风险,通过在期货市场买入股票指数的操作,在股票市场和期货市场上建立盈亏冲抵机制。

进行买入套期保值的情形主要是投资者在未来计划持有股票组合,担心股市大盘上涨而使购买股票组合成本上升。

高频考点8:股指期货期现套利

(1)股指期货合约的理论价格。

股票持有成本同样有两项组成部分:一项是资金占用成本,这可以按照市场资金利率来度量;另一项则是持有期内可能得到的股票分红红利。

(2)股指期货期现套利操作。

股指期货合约实际价格高于股指期货理论价格,称为期价高估。

股指期货合约实际价格低于股指期货理论价格,称为期价低估。

①期价高估与正向套利。当存在期价高估时,交易者可通过卖出股指期货同时买入对应的现货股票进行套利交易,这种操作称为“正向套利”。

②期价低估与反向套利。当存在期价低估时,交易者可通过买入股指期货的同时卖出对应的现货股票进行套利交易,这种操作称为“反向套利”。

(3)交易成本与无套利区间。

无套利区间是指考虑交易成本后,将期指理论价格分别向上移和向下移所形成的一个区间。在这个区间中,套利交易不但得不到利润,反而可能导致亏损。

具体而言,将期指理论价格上移一个交易成本之后的价位称为无套利区间的上界,将期指理论价格下移一个交易成本之后的价位称为无套利区间的下界,只有当实际的期指高于上界时,正向套利才能够获利;反之,只有当实际期指低于下界时,反向套利才能够获利。

上界:$F(t,T)+TC=S(t)[1+(r-d)\times(T-t)/365]+TC$。

下界:$F(t,T)-TC=S(t)[1+(r-d)\times(T-t)/365]-TC$。

相应的无套利区间:$\{S(t)[1+(r-d)\times(T-t)/365]-TC, S(t)[1+(r-d)\times(T-t)/365]+TC\}$。

借贷利率差成本与持有期的长度有关,它随着持有期缩短而减小,当持有期为零时(即交割日),借贷利率差成本也为零;而交易费用和市场冲击成本却是与持有期的长短无关的,即使到交割日,它也不会减少。因而,无套利区间的上下界幅宽主要是由交易费用和市场冲击成本这两项所决定的。

(4)套利交易中的模拟误差。

模拟误差来自两方面:一方面,因为组成指数的成分股太多,交易者会通过构造一个取样较小的股票投资组合来代替指数,这会产生模拟误差。另一方面,由于交易最小单位的限制,严格按比例复制很可能难以实现。

高频考点9:股指期货跨期套利

跨期套利是在同一交易所同一期货品种不同交割月份期货合约间的套利,它是利用不同月份的股指期货合约的价差关系,买进(卖出)某一月份的股指期货的同时卖出(买进)另一月份的股指期货合约,并在未来某个时间同时将两个头寸平仓了结的交易行为。

第十章　期货价格分析

视频讲解 微信扫描

高频考点1:期货行情相关术语

(1)合约。

①行情表中每一个期货合约都用合约代码来标识。

②合约代码由期货品种交易代码和合约到期月份组成。

例:a1805代表大连商品交易所2018年5月到期交割的黄大豆一号期货合约。其中,“a”是黄大豆一号(简称豆一)期货品种的交易代码;“1805”是合约到期月份,指2018年5月合约到期。

(2)开盘价。

①开盘价是当日某一期货合约交易开始前5分钟集合竞价产生的成交价。

②如集合竞价未产生成交价,则以集合竞价后的第一笔成交价为开盘价。

(3)涨跌。

涨跌是指某交易日某一期货合约交易期间的最新价与上一交易日结算价之差。

(4)成交量。

成交量是某一期货合约当日成交的双边累计数量,单位为“手”。

目前,国内三家商品期货交易所的成交量和持仓量数据均按双边计算,中国金融期货交易所的成交量和持仓量数据按单边计算。

(5)持仓量。

持仓量,也称空盘量或未平仓合约量,是指期货交易者所持有的未平仓合约的双边累计数量。

(6)结算价。

结算价是指某一期货合约当日成交价格按成交量的加权平均价。当日无成交的,用上一交易日的结算价作为当日结算价。

结算价是当日未平仓合约盈亏结算和确定下一交易日涨跌停板幅度的依据。

高频考点2:常见期货行情图

(1)分时图。分时图是指在某一交易日内,按照时间顺序将对应的期货成交价格进行连线所构成的行情图。

(2)K线图。K线图,也称蜡烛图、烛线图、阴阳线图等。蜡烛图起源于日本。

高频考点3:供求分析

(1)供给及其构成。

①期初库存量。

②当期国内生产量。

③当期进口量。

(2)需求及其构成。

①当期国内消费量。

②当期出口量。

③期末结存量。

高频考点4:宏观经济分析

(1)宏观经济数据。从宏观经济数据和相关经济指标的分析入手(包括GDP、经济增长率、CPI,PMI、失业率、货币供应量、利率、汇率等),寻找宏观经济、大宗商品价格和其他相关因素的内在规律,分析和预测期货价格。

(2)经济周期。一般由复苏、繁荣、衰退和萧条阶段构成。

(3)经济政策。

①货币政策:宽松的货币政策——刺激经济增长,增加就业,降低利率,增加流通中的货币量,一般商品物价水平随之上升;紧缩的货币政策——抑制通货膨胀,提高利率,减少流通中的货币量,一般商品物价水平随之下降。

②财政政策:紧缩财政政策——经济繁荣时,抑制过热的经济发展,使大宗商品市场走弱;宽松的财政政策——经济萧条时,刺激经济恢复,改善大宗商品市场的外部

环境。

③国际收支政策:本币升值时,本币的国际购买力增强,有利于对外投资;以外币表示的本国商品的价格上升,以本币表示的外国商品的价格下降,有利于进口而不利于出口。本币贬值时,外币的国际购买力增强,有利于吸引外商直接投资;以外币表示的本国商品的价格下降,以本币表示的外国商品的价格上升,这将有利于出口而不利于进口。

④产业政策:主要通过财政政策和货币政策实现其目标。

高频考点5:技术分析三大市场假设

(1)市场行为反映一切信息:技术分析的基础。

(2)价格呈趋势变动:技术分析最根本、最核心观点。

(3)历史会重演:从心理因素方面考虑的。

高频考点6:技术分析主要理论

(1)道氏理论。

①市场价格指数可解释和反映市场的大部分行为。

②市场波动的三种趋势:主要趋势、次要趋势和短暂趋势。

③交易量在确定趋势中的作用。

④收盘价是最重要的价格。

(2)波浪理论(艾略特波浪理论)。

一个完整的价格周期要经过8个过程,上升周期由5个上升过程(上升浪)和3个下降调整过程(调整浪)组成,下跌周期有5个下跌过程(下跌浪)和3个上升调整过程(调整浪)组成,一个周期结束之后,才会进入下一个周期。

波浪理论在应用中主要考虑三个方面:价格运行所形成的形态、价格形态中高点和低点所处的相对位置、完成价格形态所经历的时间,即所谓的“形态、比例和时间”。其中,价格形态是最重要的,是波浪理论赖以生存的基础。

(3)江恩理论。包括江恩时间法则、江恩价格法则和江恩线。

(4)循环周期理论。

(5)相反理论。相反理论认为,当绝大多数投资者看法一致时,他们通常是错误的。那么,投资者的正确选择应当是,首先确定大多数投资者的交易行为,然后反其道而行之。

投资者若想获得较大的投资收益,一定要同大多数人的交易行为不一致。相反理论在操作上的具体体现是,在投资者爆满的时候出场,在投资者稀落的时候入场。

(6)随机漫步理论。

高频考点7:价格形态

典型的反转形态:头肩形形态、双重顶(M头)形态、双重底(W底)形态、三重顶形态、三重底形态、圆弧顶形态、圆弧底形态、V形形态等。

持续形态:三角形形态、矩形形态、旗形形态和楔形形态等。

高频考点8:K线分析

K线是将一段时间的开盘价(第一笔成交价)、收盘价(最后一笔成交价)、最高价、最低价,用图形的方式表示出来。K线最上方的一条细线为上影线,中间的一条粗线为实体,下面的一条细线为下影线。

当收盘价高于开盘价,K线为阳线,中部的实体一般用空白或红色表示。

当收盘价低于开盘价,K线为阴线,中部的实体一般用绿色或黑色表示。

无论是一根、两根、三根还是多根K线的组合,都是对多空双方交易博弈的描述,由它们的组合得到的结论都是相对的。对具体进行期货交易的投资者而言,其结论只起到建议作用。

在应用时,有时候会发现运用不同种类的组合得到不同的结论。一般来说,多根K线组合得到的结果的预测价值和可靠性会较高。

高频考点9:量价分析

(1)交易行为与持仓量。

①只有当新的买入者和卖出者同时入市时,持仓量增加。

②当买卖双方有一方做平仓交易时(即换手),持仓量不变。

③当买卖双方均为原交易者,双方均为平仓时,持仓量减少。

(2)交易量与价格形态。

期货合约的交易量反映的是合约成交的活跃程度和买卖双方博弈的激烈程度,经常用于验证价格形态。

①在反转形态中,头肩顶成立的预兆之一是,在头部形成过程中,当价格冲到新高点时交易量较少,而在随后的下跌向颈线时交易量却较大。

②在双重顶和三重顶中,在价格上冲到每个后继的峰时,交易量较少,而在随后的回落的过程中,交易量较大。

③一般的,所有价格形态在完结(突破点)时,只要这个突破信号是成立的,那么它就应当伴随较大的交易量。

(3)持仓量分析。

由于持仓量是从期货合约开始交易起计算的未平仓合约数量。

持仓量增加,表明资金流入期货市场;反之,则说明资金正流出期货市场。

分析持仓量的变化可推测资金在期货市场的流向和主力资金的交易行为,有助于投资者判断下一步价格波动的方向。